Lieber Reinhard,

nicht nur als Segler –
"Ackern + Denken" in einem
anderen Hobby, in der Jagd –
nicht auf der Yacht, macht
vielleicht auch Spaß!

Otto

Wenn Jäger lachen
und schmunzeln wollen . . .

Nordheim	Grüner Humor
Nordheim	Jägerwitze, die ins Schwarze treffen
Schmidt	Ist die Kugel aus dem Lauf, hält kein Teufel sie mehr auf

Roland Schicht

Lustige Jäger-Praxis

Das Buch
der ungeahnten
Ratschläge

BLV Verlagsgesellschaft München
Verlag ›Das Berglandbuch‹ Salzburg

Für Fidus und seinen Herrn

CIP-Kurztitelaufnahme der Deutschen Bibliothek

Schicht, Roland
Lustige Jäger-Praxis: d. Buch d. ungeahnten Ratschläge. –
1. Aufl. – München: BLV Verlagsgesellschaft;
Salzburg: Verlag Das Berglandbuch, 1977.

ISBN 3-405-11798-4

Karikaturen: Roland Schicht, München

Satz und Druck: Brönner & Daentler, Eichstätt
Buchbinder: R. Oldenbourg, München

Printed in Germany · ISBN 3-405-11798-4

Aus dem Inhalt

St. Hubertus, Gütiger – Du
bitte drück' ein Auge zu.

DEM
WAHREN
WAIDMANN

Der wahre Waidmann …

… ist gerecht, gottesfürchtig, edel,
hilfreich und gut,
ohne Fehl und Tadel,
von Geistes- und von Seelenadel

… ist enorm in Form, stets frisch
und munter, bergrauf, bergrunter.

… ist abgehärtet, trimmt sich fit,
ist flink wie ein Wiesel,
von Flensburg bis Zwiesel

… ist bei Eis und Schnee, Wind und
Wetter stets da für sein Wild
– welch' herrliches Bild

… ist lebenslustig, liebenswürdig und
offen, gutmütig und aufopfernd
zu unkundigen Damen im Stoßverkehr
und scheuem (Autobahn-) Wild ebensosehr

. . . ist scharfsinnig, schlau und klug;
doch damit nicht genug –
er ist informiert von allem
und nicht aufs Hirn gefallen

. . . ist interessiert, was dort so kreucht und fleucht,
kennt jedes Tier im Revier, auch jedes Pflänzchen,
besonders die vom Café »Kränzchen«

. . . ist ein echter Mann im Wald und
auf der Heide, ist glücklich und zufrieden
nur am Busen der Natur

. . . ist männlich, hat Nerven aus Stahl,
die Fäuste aus Granit
und Himbeergeist im Flachmann mit

. . . ist galant sowie ritterlich, und als Meister
im Latein
fällt ihm immer etwas ein;
selbst bei der eigenen Frau läuft seine Show

... ist tapfer und unerschrocken gegen
schlitzohrige Flurgeschädigte und das Wildern
in Worten, Taten und in Bildern

... ist gegen Rheuma, Gicht und Hexenschuß immun,
auch Schwiegermutter, Heuschnupf und
Gerichtsvollzieher können ihm nichts tun

... immer galant und ritterlich...

... ist Liebhaber harter Drinks und weicher
Mädchen, achtet das Jagdgesetz und
andere Traktätchen

... ist rauh aber herzlich und
bringt wildernde Wauwauchen
mit sanfter Hand zurück zu Frauchen

... ist clever, kann den Kuckuck vom Sperber,
den Kokos- vom Dreiläufer unterscheiden –
und wählt stets den Richtigen von beiden

... unerschrocken im Kampf gegen Wilderer...

... ist traditionsbewußt, hört lieber »Treiber
raus« als »Hahn in Ruh« und beherrscht
das Brauchtum noch dazu

... ist musikalisch, kann »Halali« und
»Sau tot« zweistimmig auf vier Fingern pfeifen,
(Nichtjäger werden das nie begreifen)

. . . ist perfekt mit Messer und Gabel, ja selbst
im Taschentuch-Schneuzen, um die
Kritiker nicht zu reizen

. . . und kann zum Schluß der Versuchung
widerstehen,
wenn die dicksten Brocken auf der Grenze
stehen.

Zusammenfassung: Der wahre Waidmann ist gerecht, gottesfürchtig, edel, hilfreich, gut, frisch, munter, abgehärtet, fit, flink, lebenslustig, liebenswürdig, offen, gutmütig, aufopfernd, männlich, interessiert, echt, glücklich, zufrieden, galant, ritterlich, tapfer, unerschrocken, clever, scharfsinnig, schlau, klug, rauh, herzlich, sanft, immun, perfekt, musikalisch und traditionsbewußt.

Anmerkung des Verfassers:
Diese Aufzählung kann beliebig erweitert werden.
Hier wurden nur die Minimalforderungen beschrieben.

GRENZE

Vom Tuten und Blasen und von anderen Jagdbräuchen

Das Brauchtum

Den echten Hubertusjünger erkennt man an seiner Einstellung zum jagdlichen Brauchtum. Wer die traditionellen Regeln des edlen Waidwerkens nur für die Jägerprüfung gelernt hat, ist ein armer Tropf.
Eine lebendige Jägersprache, das Erklingen der Hörner, der stolze Erlegerbruch am Hut, das gerechte Versorgen, das Strecke legen, die Trophäe an der Wand sind Zeichen hoher Jagdkultur. Die jagdlichen Bräuche sind es wert, erhalten und weitergegeben zu werden.

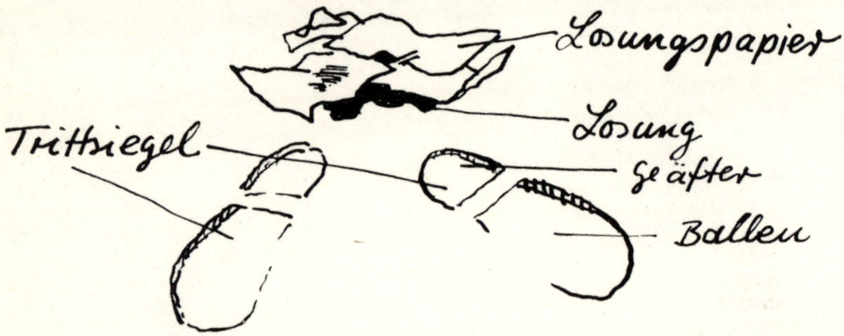

Baron Bernhard v. Federbart aus Säckingen, eifriger Verfechter der traditionellen Jägersprache, plädiert für deren Anwendung auf den Jäger selbst. Einer bekannten Jagdzeitschrift (Die Pirsch) sandte er folgenden Vorschlag. Bitte nach rechts äugen!

Merke: Der Keiler grunzt zur Bache,
wie schön ist doch die Jägersprache!

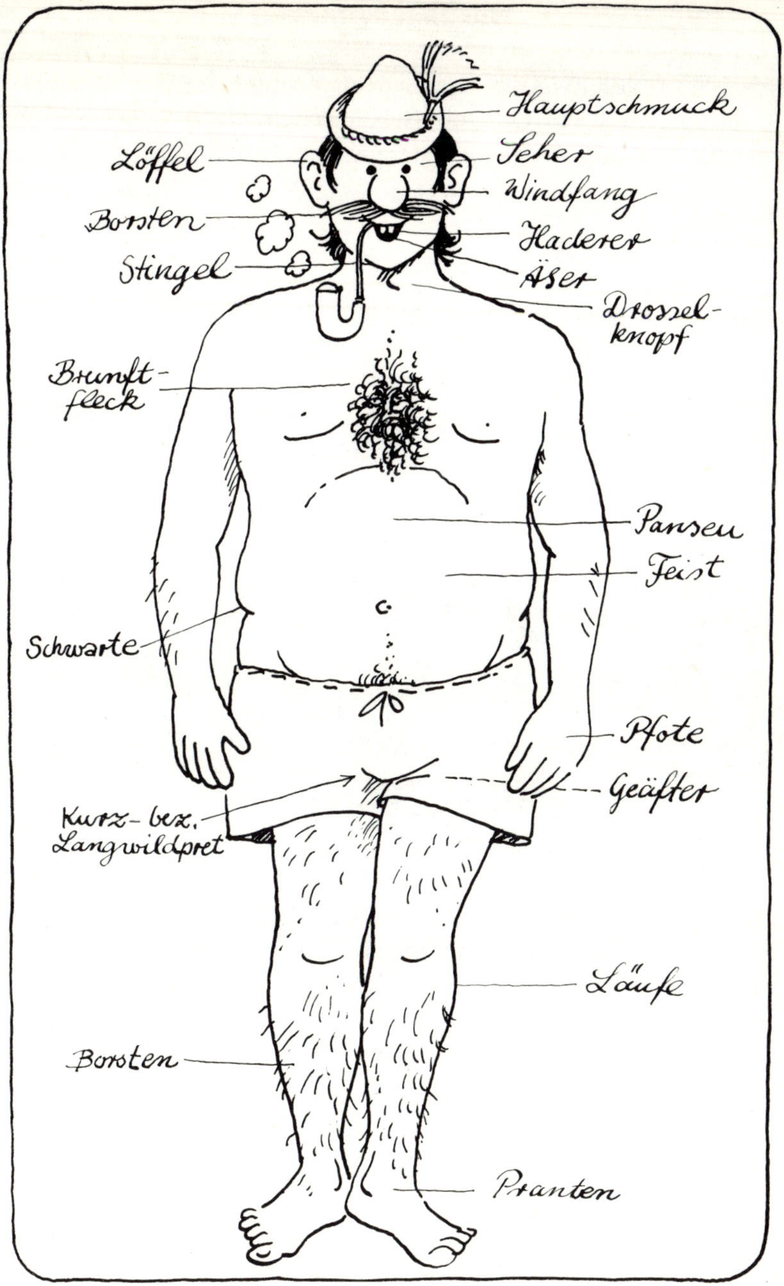
Hauptschmuck
Löffel
Seher
Windfang
Borsten
Haderer
Stingel
Äser
Drossel-
knopf
Brunft-
fleck
Pansen
Feist
Schwarte
Pfote
Geäfter
Kurz- bez.
Langwildpret
Läufe
Borsten
Pranten

Die Jägersprache

Schön und bildhaft ist die Jägersprache. Poetisch, rein und schönster Klang in Grünrocks Ohr seit Generationen. Sie zu hegen und zu pflegen, ist Aufgabe eines jeden traditionsbewußten Jägers.

Ein besonders erbauliches Beispiel gibt uns hier der Saftenlechner Toni, Jagdgehilfe aus Garmisch, mit seinem Liebesbrief voller Zuneigung und Sehnsucht an sein Almhütten-Schatzerl.

Merke: Wer nicht fein will tun
auch keine Maid gewinnt.

Garmisch, 23. Sept.

Geliebtes Schmaltierchen,

vernimm mein Orgeln und Röhren. Kaum habe ich Dich vertraut des Wechsels ziehend eräuget, mit Deinen großen Lichtern, Deinen zierlichen Lauschern, langen Läufen, zarten Flanken und ... vergib mir – Deiner festen, weißen Spinne – da hat Amor mich schwer angeschweißt. Mir wird ganz komisch im Pansen, wenn ich mir vorstelle, wie ich Dich in der Suhle langsam aus der Decke schlage.

Viele tausend Leckerküsse auf Dein rotes Äserchen

Dein Brunfthirscherl

P.S. Wenn der ungefegte Beihirsch sich nicht trollt und versucht Dich in Beschlag zu nehmen, dann forkle ich ihm seine Grandeln heraus oder er kriegt einen Tritt, daß ihm das Siegel bis zur nächsten Feistzeit bleibt.

Das Jagdhorn

Erst der massive Einsatz von Jagdhörnern bringt freudige Stimmung bei Jagden und Veranstaltungen. Ein herzliches Dankeschön allen Bläsern, die weder Zeit noch Mühe scheuen, dem einfachen Blechinstrument so komplizierte Töne zu entlocken.

Wenig Verständnis zeigen die Mieter des Anwesens Lothstraße 29 für die allabendlichen »Halali«- und »Sau tot«-Übungen des Mansardenbewohners Rudolf Hummel. Nebenstehende Momentaufnahme zeigt, wie dieser auf recht ungehobelte Weise um Ruhe gebeten wird.

Merke: Musik wird störend oft empfunden,
dieweil sie mit Geräusch verbunden.
(frei nach Wilh. Busch)

Der Jägerhut

(Waid-)Mann geht nicht ohne Hut. Er schützt nicht nur vor Sonne, Schnee und Regen, sondern auch vor spitzen Dornen und blutgierigen Holzböcken. Als typisches Erkennungszeichen der grünen Zunft gereicht die stolze Kopfbedeckung dem Jäger zur Zierde, insbesondere wenn sie mit Trophäen, Brüchen und Abzeichen aller Art bestückt ist. Mancher Weihnachtsbaum würde vor so viel Schmuck erblassen.

Merke: Es ist der Brauch, in allen Lagen
den Jägerhut mit Stolz zu tragen.

RICHTIG

AUCH RICHTIG

Die Brüche

Zu den schönsten Bräuchen gehören die frischen, grünen Zweige von Kiefer, Tanne, Fichte, Eiche und Erle, die als Bruchzeichen dienen. Doch Anwendung und die damit verbundenen Zelebrationen sind so vielgestaltig, daß nicht nur Jungjäger arg verwirrt und in Verlegenheit gebracht werden.

Trotz halsbrecherischer Schwierigkeiten läßt sich Blasius Bläderer aus Mittenwald, leidenschaftlicher Gebirgsjäger, nicht davon abbringen, einen waidgerechten letzten Bissen (hier: Latsche) für den eben erlegten Gamsbock zu beschaffen. Herr Bläderer, unsere Hochachtung! Ein herzliches Dankeschön auch an die Bergwacht, die ihn aus dieser mißlichen Lage befreien konnte. Anmerkung des Verfassers: Spezialbrüche siehe Seite 136/37.

Merke: Es ist der Bruch des Waidwerks Krone,
drum, lieber Nimrod – niemals ohne.

Das Erinnerungsfoto

Dieser Color-Schnappschuß (18 x 24) unter afrikanischer Sonne zeigt Staatssekretär Dr.h.c. Bluff aus Bonn mit einem Prachtexemplar von Steppenlöwen. Es ist die einzige Erinnerung an seine über alle Maßen erfolgreiche Kenia-Safari. Leider, so erklärte Dr.h.c. Bluff eidesstattlich, ging die Trophäe beim Transport von Nairobi – Köln/Wahn verloren.

Blitte lecht fleundlik!
COLOR FOTO
50 cent
with Lion
$ 5.–
very nice
nix tener!

Aufbrechen – nicht metzgern!

Das gute, althergebrachte Brauchtum verlangt vom waidgerechten Jäger beim Aufbrechen des Wildes gewisse »Anstandsregeln«. So wird auch bei der roten Arbeit sehr viel Wert auf korrekte Kleidung gelegt.
Das Ablegen von Jacke und Hut, Entfernen der Krawatte sowie das Hochkrempeln der Hemdsärmel sind unverzeihliche Verstöße gegen den traditionellen Jagd-Knigge.

*Merke: Es wird dem Jäger nicht gelohnt,
wenn er sich und Kleidung schont.*

FALSCH

RICHTIG

Versorgen des Wildes

Diese notwendige (manchmal auch unangenehme) Arbeit verrichtet der Erleger selbst, was manchen »Diplomatenjägern« anscheinend noch nicht bekannt ist. Man »läßt aufbrechen« und macht sich die Finger nicht schmutzig. Schande!
Erfahrene Jäger erledigen die rote Arbeit mit verbundenen Augen in Minutenschnelle. Nicht ganz so einfach ist dies für den Anfänger.

Für Jagdnovizen: Im einschlägigen Fachhandel gibt es abwaschbare Schautafeln im 4-farbigen Kunstdruck, die eine hervorragende Anleitung für jeden Ungeübten sind. Die Benutzung ist keinesfalls rufschädigend, versicherte uns die Herstellerfirma.

Merke: Nur wer selbst versorgt sein Wild,
paßt ins rechte Jägerbild.

1
2
3
4
5
6
7

Das »Ausschleudern«

Hasen und Kaninchen werden ausgeschleudert. Mit etwas Übung eine schnelle und saubere Arbeit, um dieses Wild vom Gescheide zu befreien.

Merke: Wer schludert beim Schleudern rundherum, vermeide jedes Publikum!

Roland

Der Jägerwitz

Ein Beispiel von vielen:
Ein Jäger verspricht seiner Freundin zwei Hasen, vergißt sein Versprechen und besorgt die beiden im Zerwirkgewölbe. Die Freundin ist enttäuscht. »Ich hab' mich so auf die Felle gefreut. Warum hast du sie abgezogen?«
»Nicht abgezogen, Schatz«, erwiderte der Jäger. Ich traf sie beim Rammeln und sagte: »Zieht euch nicht erst an, ich erschieß euch sowieso!«

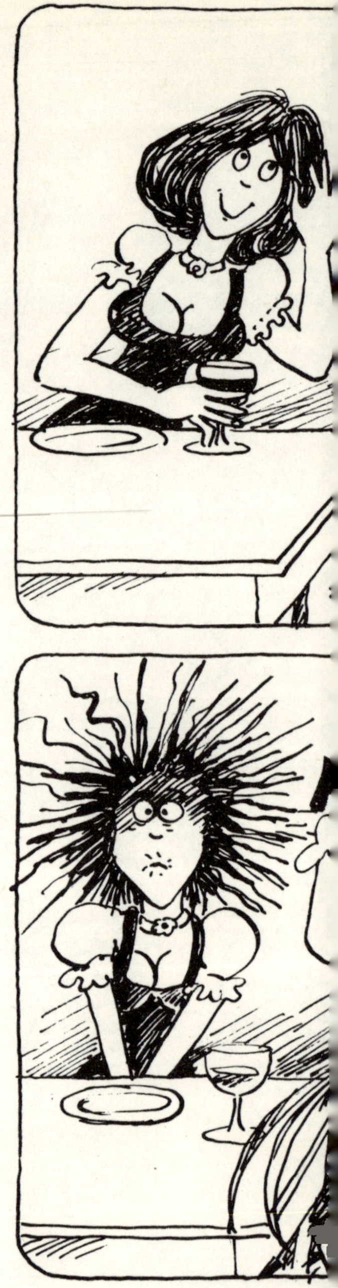

Merke: Ein Jäger, der nicht herzlich lacht, gleicht einer Flinte, die nicht kracht.

WISPER! FLÜSTER!
TUSCHEL TUSCHEL!

HAHAHAAA!!
AHOOHAH!
HOHOOO!
HA HA
HOHO
AH HAHA

Vom Jäger im Lichte der Öffentlichkeit

Umgang mit der Bevölkerung

Das Interesse der Öffentlichkeit an der Jagd und ihren Einrichtungen ist immer zu begrüßen. Hier bietet sich für den Waidmann ausreichend Gelegenheit, Vorurteile durch sachliche Aufklärung abzubauen und Verständnis für das gesamte Jagdwesen bei Nichtjägern zu schaffen.
Denn: Der grüne Rock verpflichtet.

Hier sehen Sie Eigenjagd- und Gutsbesitzer Sigmund Mooshahn von Rachelstein, der alle Fragen des jagdlich interessierten 1. WC-Wanne-Eickel (WC = Wander Club) höflich und zuvorkommend beantwortet. Und das am 16. Mai!

Merke: Und kochst Du innen noch so sehr,
nach außen zeig ein Lächeln her.

1. WC
WANNE EICKEL

Die lieben Revierbesucher

Zugegeben, es ist nicht immer leicht, unerwünschten Revierbesuchern mit Freundlichkeit und Verständnis zu begegnen. Doch unbeherrschtes, womöglich handgreifliches Verhalten schadet nur dem guten Ruf des deutschen Waidwerks. Aufruf: Seid nett zueinander!

Mit einem fröhlichen Lied auf den Lippen gewinnt hier Förster Gerold G. Waff gute Freunde fürs ganze Leben. Diese vier boten sich an, kostenlos nach Abwurfstangen im Unterholz zu suchen.

Merke: Ein freundlich Wort zur rechten Zeit schafft Frohsinn und Zufriedenheit.

FALSCH

RICHTIG

Öffentlichkeitsarbeit

Noch immer wird der Jäger von Presse und Fernsehen (Ausnahme: »Der Förster vom Silberwald«) als blutrünstiger Allesschießer verunglimpft. Das negative Image der deutschen Jägerschaft bei noch viel zu vielen Bundesbürgern (einschl. West-Berlin) kann nur durch ehrliche und realistische Information abgebaut werden.
Alle Organisationen und Verbände, die das edle Waidwerk vertreten, sind deshalb aufgerufen, verstärkt die Presse mit Berichten und Bildmaterial einzudecken, die das wahre Gesicht der Hubertusgilde zeigen.

(Vorsicht bei scheinheiligen Fotoreportern. Um optimal publikumswirksame Fotos zu erhalten, sollte sich jeder Jäger nur von der besten Seite ablichten lassen.)

Merke: Hast Du positive Presse,
zerreißt sich keiner mehr die ...

FALSCH

RICHTIG

Die gute Schlagzeile

Einige lebensnahe Vorschläge für imagefördernde Reportagen aus dem harten Jagdalltag sollen mithelfen, tiefe Eindrücke beim verehrten Publikum zu hinterlassen.

**»GELÄHMT!
JUNGJÄGER (19) STÜRZT BEI WILDFÜTTERUNG AB«**

»JAGDHUND RETTET BLINDES KÄTZCHEN VOR ERTRINKEN!«

»JÄGER SPENDEN FÜR DIE AKTION ›HUNGERNDE MAULWÜRFE‹ «

»JÄGERCHOR SINGT GRATIS IM WAISENHAUS«

»SO KOCHT MAN JÄGERTEE«

»PRINZESSIN ANNE LIEBT JÄGERMEISTER«

»TOLLWÜTIGER FUCHS WILL BABY BEISSEN!
JÄGER VERHINDERT DAS SCHLIMMSTE«

»DÜSEN-JÄGER MELDET WALDBRAND!«

»GEBIRGSJÄGER VERTEIDIGT LETZTES WERDENFELSER EDELWEISS!«

»JUNGJÄGER RETTET JUNGHASEN VOR ANGREIFENDEM BUSSARD«

»KREISJAGDVERBAND SPENDET PLASTIKHAUBEN FÜR AUSSTERBENDE HAUBENTAUCHER«

»JÄGER BRINGT ZWEI WILDERER INS KRANKENHAUS«

»JAGDPÄCHER HEIZT EINBRECHERN IN DER JAGDHÜTTE TÜCHTIG EIN«

»KAMMERJÄGER ENTDECKT WANZENNEST IN BONN«

»ERFINDER DER HÄSCHENWITZE VOM JAGDGERICHT ABGEURTEILT«

»SCHLESWIG-HOLSTEINISCHE JÄGER TROCKNEN HEULERN DIE TRÄNEN«

Von Trophäen, Präparaten und anderen Staubfängern

A
B
C
D

Die Trophäenzucht

Die große Nachfrage an außerordentlichen Trophäen, für die manche Jäger viel Geld auf den Tisch blättern, haben geschäftstüchtige JTU's (Jagdtouristik-Unternehmer) längst erkannt. In einigen Ländern entstanden deshalb groß angelegte Wildzuchtanstalten. Ihr Ziel ist es, optimale Trophäen aufzubauen, die alles Dagewesene in den Schatten stellen.
Nachstehend ausgewählte Zuchtergebnisse bei verschiedenen Wildarten.

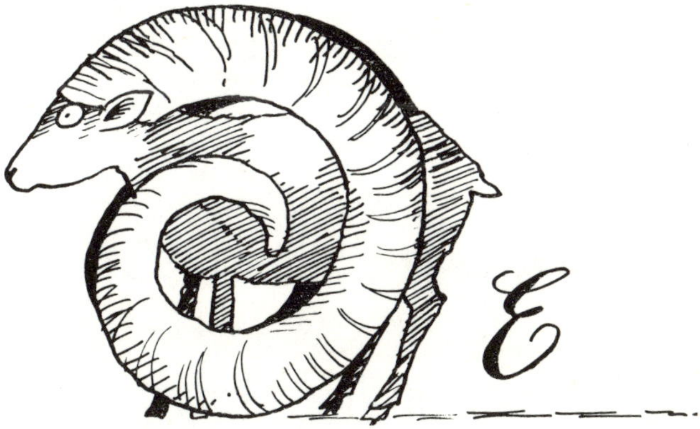

A Superkeiler »Tatra« (250 Punkte)
B Spitzenstockerpel (flugfähig) (88 Punkte)
C Rehbock »Nonplusultra« (248 Punkte)
D Gamsbock »Meisterklasse« (812 Punkte)
E Extrastarker Muffelwidder »Diplomat GS« garantiert standortstreu (980 Punkte)

Merke: Viel Schein(e) – viel Ehr

Das Sonderangebot

Dieser kapitale Spitzenhirsch in Nögütatükanisza wartet auf einen finanzkräftigen westlichen Devisenbringer. Die Abschußgebühr beträgt bescheidene US $ 104.000 (in Worten: Einhundertundviertausend U.S. Dollars in bar). Bei einem Fehlschuß wird die Hälfte berechnet.

Im Preis inbegriffen: Unterbringung im First Class Hotel »Rosa Komet« bzw. luxuriöser Jagdhütte mit reich bestückter Hausbar und WC, alle Mahlzeiten, Jeep, Jagd- und Hundeführer, Gewehrträger, junge Gesellschafterin (spricht deutsch) sowie alle Trinkgelder.
Als Krönung werden die Jagdtage mit einem kulturellen Leckerbissen abgeschlossen – dem Besuch des Balletts »Der sterbende Schwan« (!!!) in der ehemaligen K.u.K. Staatsoper.

Merke: Wenn die Münzen im Kasten klingen,
CIP-Punkte in die Höhe springen.

1a Kraft
Futter
SUPER
VITAMIN
FORTE
Vitamin E

Die Behandlung der Trophäen

Folgende Bilder zeigen ungeschminkt die Ergebnisse unsachgemäßer Behandlung von Erinnerungsstücken.

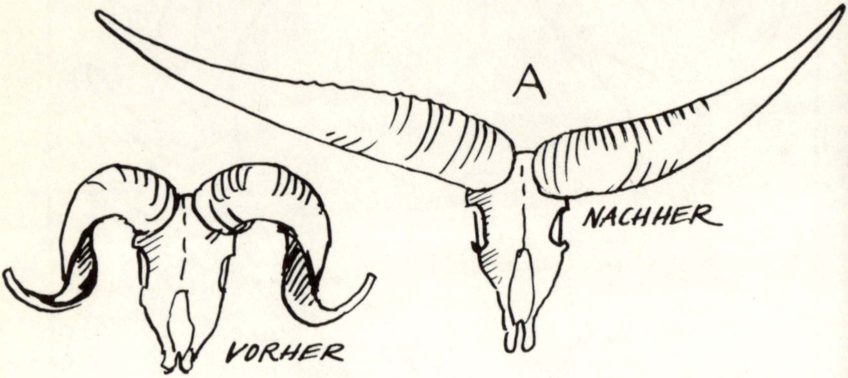

A Zu schnell erhitzte
Muffel-Schnecke (sogenannter Watussi-Effekt)

B Trophäe eines kapitalen 12-Enders eingelegt in eine zu hochkonzentrierte Knochenbleiche

C Als »recht gut gelungen« betrachtet Schmetterlingssammler, BH- und Mieder-Schneider Horst Hosenflicker diesen ausgestopften Fuchsrüden, den ihm ein befreundeter Jäger gutgläubig zum Präparieren überließ. Jetzt sehen sich die beiden nur noch zufällig.

D Dieses Gehörn wurde in einem Topf behandelt, in dem noch Reste vergangener Mahlzeiten waren. (Hier: Spaghetti »Mailänder Art«)

Merke: Das »Do it yourself« Präparieren nur – bringt Arbeit für die Müllabfuhr.

B

C
FUCHS

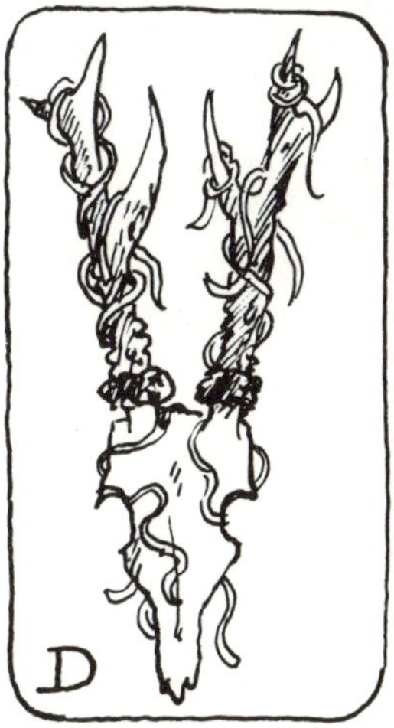
D

Der Jägerwandschmuck

Als stolze Zeugen erlegter Beute zum Gedenken an unvergeßliche Jagderlebnisse haben mächtige Hirschgeweihe, Gamskrucken, Muffelschnecken, Sauschwarten etc. ein legitimes Anrecht, jedes triste Heim in eine heimelige Jägerwohnung zu verwandeln.

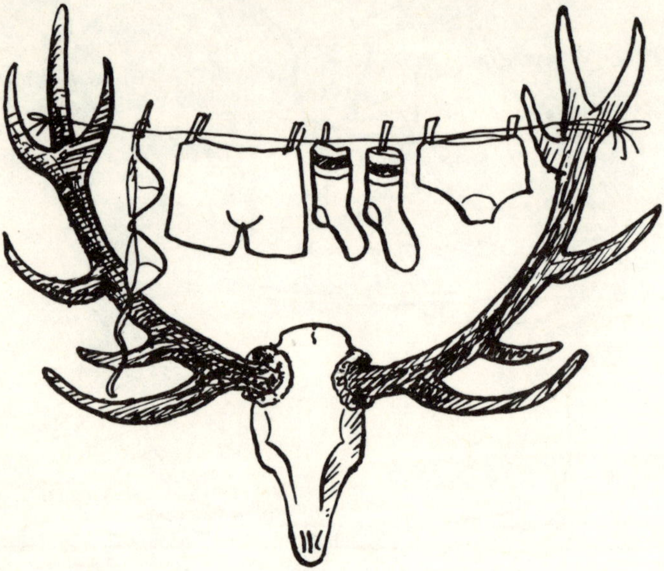

Frau Katharina K. Nickel, Briefträgers- und Waidmannsgattin, kann nicht immer an der großen Freude ihres Mannes teilnehmen, wenn dieser überglücklich, alle Möglichkeiten der bescheidenen Zweizimmerwohnung ausnützend, jeden Quadratmeter Freifläche mit Trophäen schmückt.

Merke: Jede nackte Wand
macht dem Jäger Schand.

Jagdkunsthandwerk

Geweihe, Schaufeln, Krucken und Gehörne eignen sich vorzüglich zur Herstellung von Kronleuchtern, Garderobehaken, ja sogar ganzen Möbelstücken, die in jedes Jägerheim erst die richtige Atmosphäre bringen.

Eine Bastelanleitung zu dieser laubgesägten, entzückenden Damenhandtasche für den festlichen Abend sendet Ihnen ebenso gerne wie kostenlos eine Lüneburger Hobbybastlerin zu. Schreiben Sie an: Frau Heidi Schnucke · Erikaweg 7 1/2 · 3140 Lüneburg.

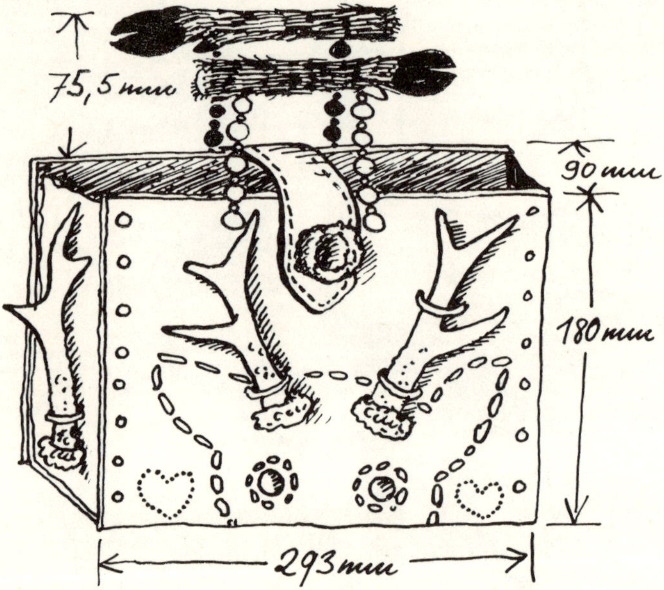

Welchem Waidmann schlägt nicht das Herz höher, wenn er im Kaufhausfenster diesen wunderschönen Fernsehsessel sieht?

Merke: Wer das Kunsthandwerk nicht ehrt,
ist auch die Trophäe nicht wert.

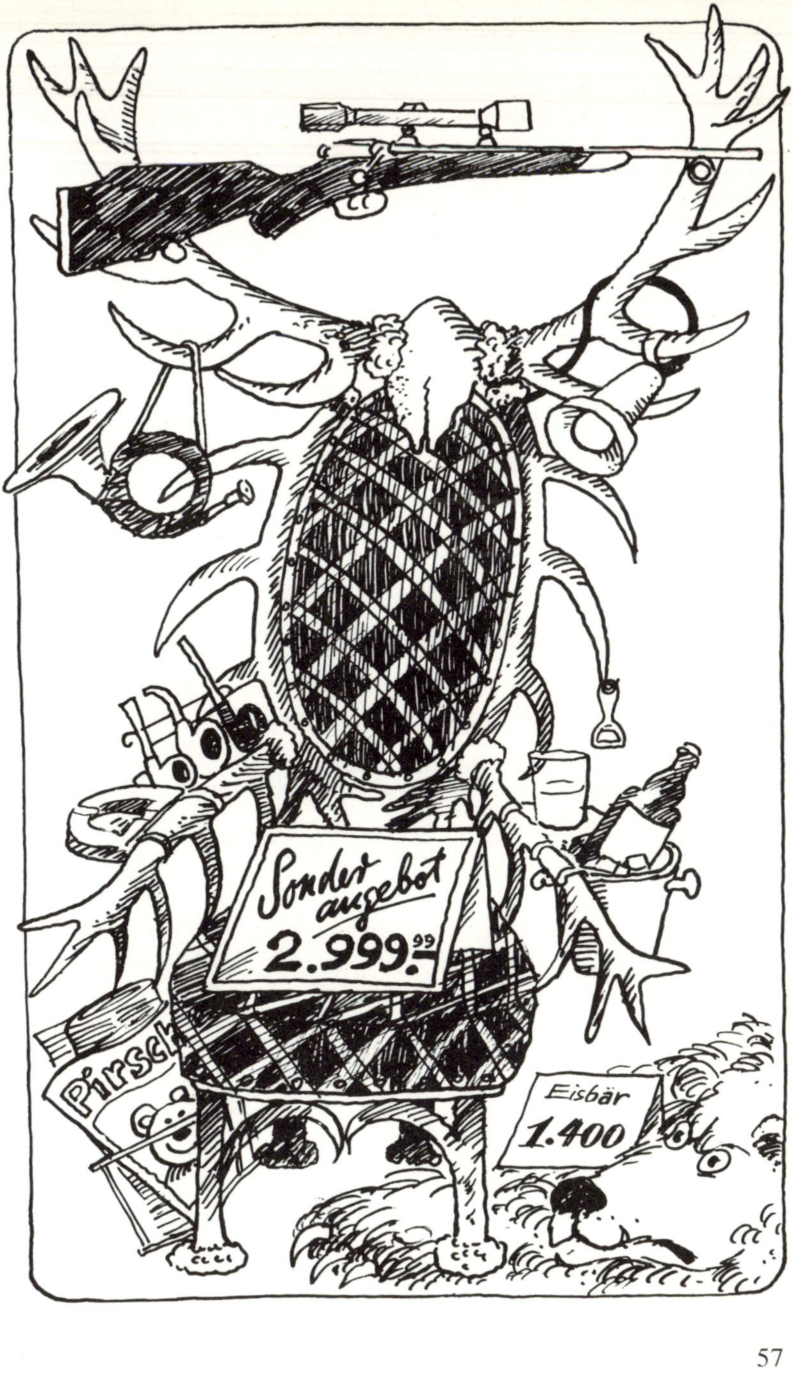
Sonder
angebot
2.999.99
Eisbär
1.400
Pirsch

Von hoffnungsvollen und -losen Pirschgängen

Die Pirsch

Höchste Anforderungen stellt an den Waidmann die Pirsch. Gute Revierkenntnisse sowie solche der Gewohnheiten des Wildes, Gewandtheit, Ausdauer, Anpassungsfähigkeit und Erfahrung, Erfahrung, Erfahrung sind Voraussetzung zum Gelingen.

Die fünf goldenen Pirschregeln

1. Pirsche mit »gutem Wind«
2. Bewege Dich langsam
3. Bewege Dich lautlos
4. Habe immer gute Deckung
5. Tarne Dich unauffällig

Pirsche immer gegen den Wind!

Merke: Schon mancher dürre Ast hat den Erfolg verpatzt.

Bewege dich langsam...

... und lautlos!

Das Pirsch-Heimtraining

Als sinnvolle Pirschübung empfiehlt Jägerkursleiter Wolfgang Schleich seinen Jägern das Anlegen eines künstlichen Pirschpfades mit allen Knicksknacksholperdipolter-Effekten, verschärft durch Raschelschikanen. Dieser Wohnzimmer-Parcours erzieht praxisgerecht jeden revierlosen Jagdnovizen zur Beherrschung aller fünf Sinne und sämtlicher Muskelpartien.
Mit etwas Fantasie durchaus als lustiges Gesellschaftsspiel geeignet, welches sich auch bei Damen größter Beliebtheit erfreut.

Merke: Wer im Revier bestehen will,
der übt zu Haus – und das ganz still.

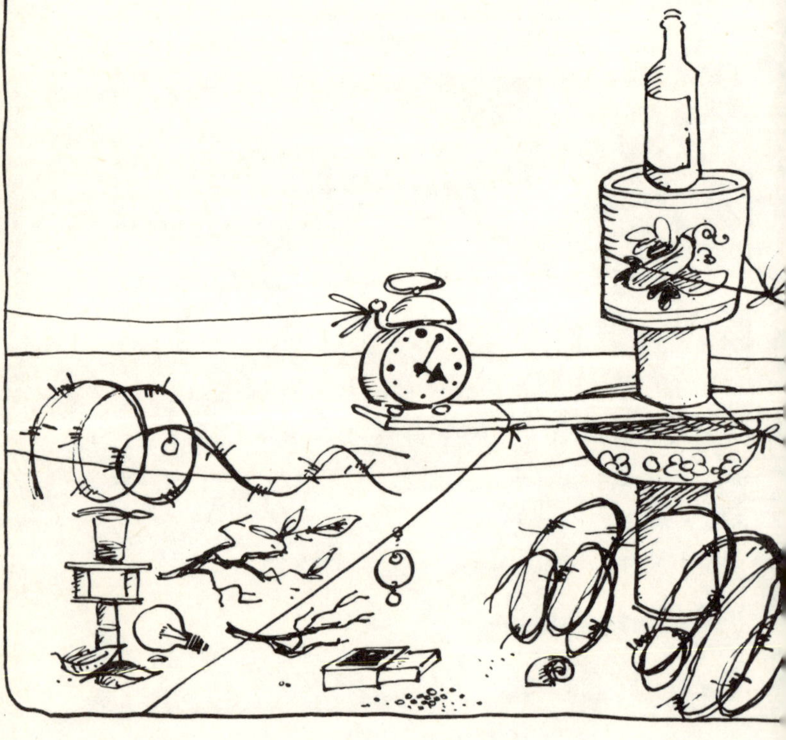

Milch

Die Pirsch auf Raben

Die schwarzen Räuber sind Revierpächter Manfred G. Brech, Apfeldorf/Obb., schon lange ein Dorn im Auge. Mit geradezu fanatischem Eifer versucht er, an das überaus gewitzte Rabenvogelvolk heranzukommen.
Bisher vergeblich.
Sein Ideenreichtum indessen ist unerschöpflich, und kein Fehlschlag hält ihn ab, stets neue »Tarnungen« auszutüfteln. Nachdem die Verkleidung als Weide (A), Traktor (B), Scheune, Strohballen (C), Telegrafenmast und Misthaufen zu keinen nennenswerten Erfolgen führte, versuchte er es mit einer naturgetreuen Nachbildung (D) eines dieser schwarzen Strolche. (973 Arbeitsstunden, DM 1.379,50 Materialkosten). Wieder nichts.
Wie in Erfahrung zu bringen war, bastelt der Unermüdliche jetzt an einer lebensgroßen Rindviehattrappe. Viel Glück.
(Bitte umblättern)

Merke: Auf Gottes weiter Ackerkrume
ist oft der Jäger auch der Dumme.

TÖFF
TÖFF-Töff!
A
B
C
D

RETTE SICH WER KANN!
WIE DE
WO DE
WAS D

KRAHAHAHAHA!! KRAHIHIHOHO!
KRAHAHAHA!

Die Tarnkleidung

In deckungsarmen Revieren, bedingt durch Landschaft und Jahreszeit, verlangt die Pirsch entsprechend angepaßte Kleidung.

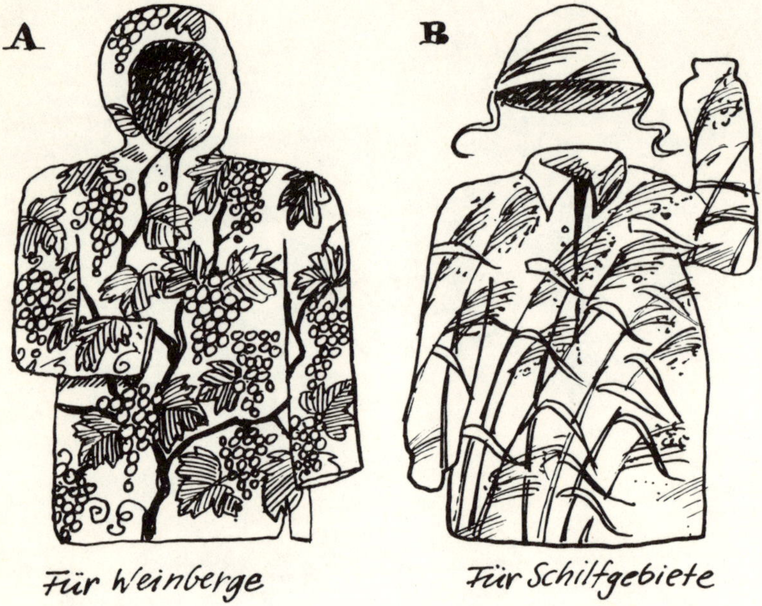

Kasimir Edelweiß aus Mittenwald, Pirschmeister in untadeligem Schneehemd und -hut, demonstriert hier für den verehrten Leser hohes Können beim Fangen eines Alpenschneehasen mit bloßen Händen. Für unsere Bergfreunde von links nach rechts im Hintergrund: Jungfernspitz, Martinikogel, Dachroser, Spießerkogel, Krampfwand und Großer Huderer.

Merke: Auf grünen Rock und grünen Hut
man auch einmal verzichten tut.

Vom Blatten, Rufen, Mäuseln und von anderen Lockreizen

Die Lockjagd

Sehr reizvoll ist die Lockjagd auf Hirsch, Rehbock, Birkhahn, Ringeltaube, Ente und Fuchs. Diese Jagdart beschert dem lockenden Waidmann recht spannende Stunden.
Um an Reinekes roten Balg zu kommen, baute Jagdhelfer T. Richter aus Blechingen ein »Mauspfeifchen« mit garantiert naturechten Mäuselauten. Aus waidgerechten wie tierschützerischen Gründen müssen wir jedoch diesem originellen Lockinstrument unsere Zustimmung verweigern.

Nebenstehende Idylle zeigt eindrucksvoll, daß über Art und Weise des »Entenlockens« noch immer sehr viele Menschen geteilter Meinung sind.

Merke: Nicht immer bringt das Jagen
Erfolg und Glück an allen Tagen.

Bii-bibibiie! Putt-putput! meine Entchen!

Der gute (Lock) Ton

Es gibt eine Vielfalt künstlicher, zuweilen recht seltsamer Lockinstrumente im Handel zu kaufen. Jedoch wird jeder urtümliche Waidmann es sich nicht nehmen lassen, den roten Bock mit Hilfe des grünen Buchenblattes heranstürmen zu lassen oder anderes Wild mit nachgeahmten Lauten durch Hand und Mund anzulocken.

Oberforstmann Helmut Grünkohl in Solling ist derart perfekt im Nachahmen des Tauberbalzrufes mit bloßen Händen, daß er aus ersichtlichen Gründen wieder zum mechanischen Instrument zurückgriff.

Merke: Es springt der Bock im roten Kleid
aufs Locken mit dem Blatte;
den Jäger lockt die Weiblichkeit
ganz anders auf die Matte.

Der Hirschruf

Überraschenden Erfolg hatte Bertold Balzer, Sonntagsjäger aus Bad Lauheim, schon beim ersten Versuch mit dem Hirschruf.
Ein herzliches »Waidmanns-Heil«.

Fuchsködersuppe

Um selbst verschnupfte Rotröcke im Umkreis bis zu 10 km vor die Flinte zu bekommen, verriet mir mein Großvater (väterlicherseits), einer der erfolgreichsten Fuchs- und Schürzenjäger der frühen zwanziger Jahre, folgendes Geheimrezept zum Aufbereiten einer absolut wirksamen Fuchswittrung.

Man nehme: *3 Dtzd. säuerliche Maikäfer*
1 mittelgroßen, bereits gärenden Wasserfrosch
1 verrotteten Romadur
2 – 3 Fischkadaver
50 g fast verweste Tauwürmer
450 g schimmelnde Hammeleingeweide
1 Handvoll Schweinemist
2 faule Eier
2 gut abgehangene Ratten
1 Stinkbovist
4 – 5 Knoblauchzehen

Alle Zutaten geben wir in eine Kasserolle und lassen sie bei mäßiger Hitze unter Zugabe von 3 Litern Buttermilch kurz aufwallen. Mit Baldrian abschmecken, durch ein Sieb passieren. Bei sachgemäßer Zubereitung erhalten wir ca. 8 Liter zähflüssigen Sud, ausreichend für mehrere Jahre. Achtung! In geschlossenen Orten ist die Zubereitung verboten (§§ 183 – 190 Umweltschutzgesetz, Abs. Luftverseuchung).

Merke: Wer keinen Hundsfurz riechen kann,
soll auch kein Wildpret essen.
(Altes Sprichwort)

Vom Ansitzen, Nach- und Fallenstellen sowie von verbotenen Jagdarten

Der Hochsitz

Zur Ausübung der Ansitzjagd benötigen wir Hochsitze und Kanzeln, auf denen der Jäger vom Wild nicht eräugt oder gewittert wird.
Wichtig für den richtigen Standpunkt dieser Einrichtungen sind: Hauptwindrichtung, gute Deckung, gute Sicht, Lage der Einstände, Wechsel und Äsungsflächen.

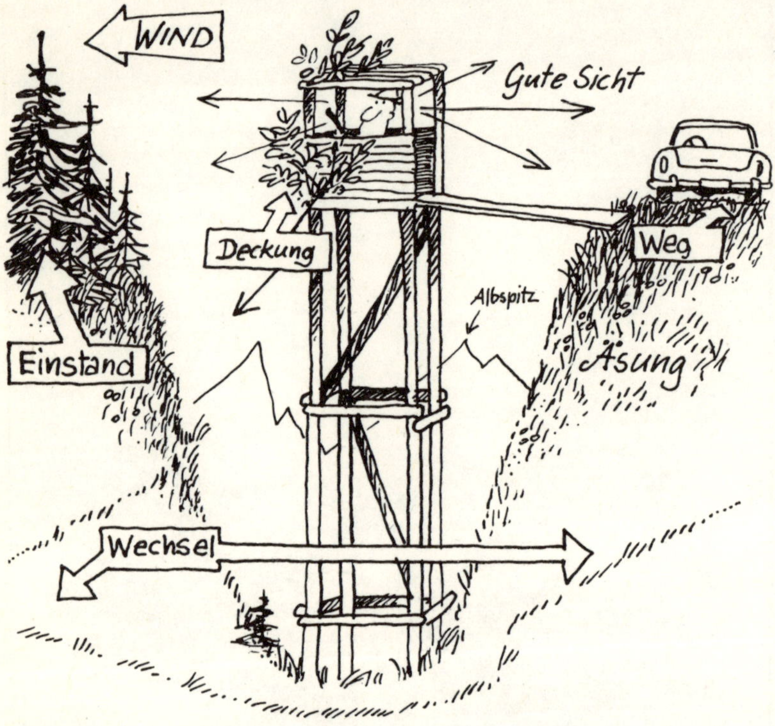

Den Hochsitz nicht an Stämmen und Ästen befestigen, da er jede Bewegung (bei Wind) des Baumes mitmacht.

Merke: Schlechter Wind und falsche Position – bringt Mißerfolg und Frustration.

FALSCH

RICHTIG

Das Häuschen im Grünen

Häßliche Buden (sprich: Kanzeln) aus Brettern, Blech und Plastikfolien zusammengenagelt, verschandeln in zunehmendem Maße die Landschaft. Diese »Bauwerke« vergrämen nicht nur umweltbewußte Naturliebhaber und Wanderer, sondern anscheinend auch sonst standorttreues Wild, wie uns der Besitzer der gegenüber abgebildeten, winterfesten »Kanzel« (TV, WC, Herd) verzweifelt versichert, der hier in luftiger Höhe mit der ganzen Familie viele Ansitze verbracht hat.

Im Pfälzer Wald (oder war's im Spessart?) ist diese beispielhaft umweltfreundlich getarnte Kanzel zu besichtigen. Möge sie uns allen als Vorbild dienen.

Merke: Nur Ignoranten, Trottel, Deppen
bauen zur Kanzel Marmortreppen.
(oder: Es wird im Walde um so stiller
je größer Deine »Stelzen-Villa«).

1951

Der Grenzbock

Alle Jahre wieder macht der starke Erntebock an der Reviergrenze böses Blut zwischen den benachbarten Jagdpächtern. Grenzbock-Neid, ja Gier ist vollkommen unwaidmännisch und muß nicht sein.

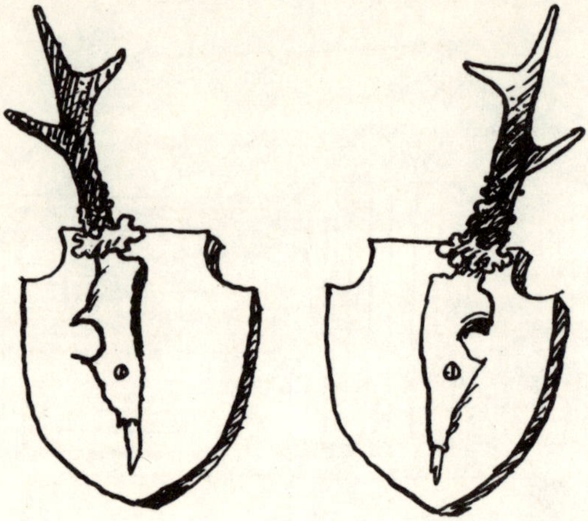

Eine beispielhafte Lösung zu diesem Problem hatten zwei Jäger benachbarter Eifelreviere. Wie uns das Bild zeigt, wurde auf gemeinsame, kameradschaftliche Weise die heißbegehrte Beute erlegt. Und: Auch bei der Trophäe ist niemand zu kurz gekommen!

Merke: Bist Du fair in Wald und Flur,
widerfährt Dir Gutes nur.

BLAM
BLAM!
Dieser Zaun ist die Reviergrenze

Geduld – Geduld

Ein beispielhaftes Vorbild an wahrem Durchhaltevermögen ist für uns Oberforstrat Hyronimus Federbart aus Ebersberg/Obb. beim Ansitz auf den sagenumwobenen, heimlichen »Mönch vom 13. Kopf«.
Zu besichtigen im Ebersberger Forst, 20 Gehminuten von der Waldschenke »Zum grantigen Haderer« entfernt (Obstler DM -,90 !!!).

Bei mehr als vier Interessenten übernimmt der arme, verwaiste Dackel »Maxl vom Wurstzipfel« die Führung zu seinem Herrn. Trinkgeld in Form von Naturalien wird gerne entgegengenommen.

Merke: Ob's regnet, schneit, ob Winde tosen –
Diana schwört »Geduld bringt Rosen«.

Der Nachtansitz

Der Ansitz auf Sauen und Füchse in sibirischen frostklirrenden Vollmondnächten erfordert vom Jäger eiserne Selbstdisziplin und Ausdauer. Diese Mühen werden jedoch oft von Diana mit besonderen Leckerbissen belohnt.

Schon mehrmals brachten aufmerksame Waldarbeiter den unverdrossenen Landrat Hubertus Holzschießer, steifgefroren wie ein tiefgekühltes Rentiersteak, zur Wiederbelebung in die nahegelegene Gemeinschaftssauna.
Seit Frau Hubertine ihren Mann aus familiären Gründen selbst hinter dem heimischen Herd aufzutauen wünscht, kommt ihr Bertl jetzt stets *vor* den Erfrierungszuständen aus dem Revier zurück. Empfehlung: Erfrorene langsam auftauen, da sonst gesundheitliche Schäden auftreten können.

Merke: Durch Klugheit, Pfiffigkeit und List
manch »guter Anblick« sicher ist.

Kälteschutz

Bis der erdgasbeheizte Winter-Ansitz-Anzug auf den Markt kommt, muß sich der rheuma- und gichtgeplagte Jägersmann mit konventioneller Kleidung vor bitterkalten Ansitznächten schützen. Hier eine vollkommene Aufstellung unserer bewährten 24-teiligen Kälteschutzgarderobe bis minus 24° Celsius. Es empfiehlt sich, die einzelnen Teile zu numerieren, damit ein reibungsloses Ankleiden gewährleistet ist. Empfehlung: Nässen und größere Geschäfte vorher erledigen.

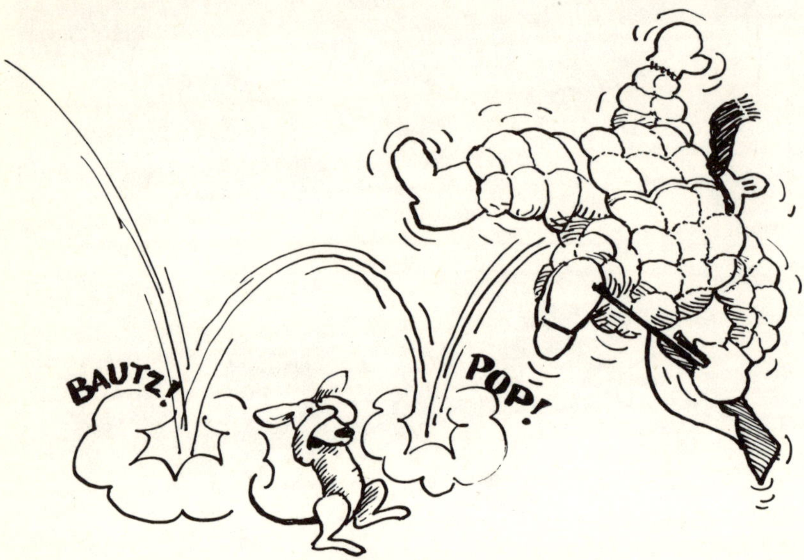

Als sehr vorteilhaft empfand Herr Gernoth G. Räusch aus Kaltenbrunn (Post Mittwitz) seine dicke Winterausrüstung, als er acht Meter von einer Leiter stürzte, die sich bei dem schweren Textilgewicht in ihre Einzelteile auflöste. Dermaßen weich gepolstert, überstand er den ungewollten Freiflug vollkommen unverletzt.

Merke: Sich massiv vor Kälte schützen
kann auch anderweitig nützen.

1
2
3 A
3 B
4
5
6
7 A
7 B
8 A
8 B
9
10
11
12
13
14 A
14 B
15 A
15 B
16 A
16 B
17
18
4 A
RUM 80%
Ruhe sanft

Das Marderaustreiben

Bisher brachte die Laienkapelle »Didel-Dadel-Harmony« aus Dudeldorf jeden auch noch so tauben Marder dazu, sein Versteck nach maximal fünf Minuten Spielzeit zu verlassen. Auf den Gebrauch von Noten ist bewußt verzichtet worden.

Die Fallenjagd

Zur waidgerechten Hege gehört die Jagd mit der Falle auf Raubwild und Raubzeug. Um Unfälle mit Waldbesuchern zu vermeiden, ist beim Aufstellen gefährlicher Eisen mit äußerster Sorgfalt vorzugehen.

Abbildung A
Euphorisches Glücksgefühl über einen gelungenen Fang kann jäh durch unsachgemäße Aneignung der ersehnten Beute ins Gegenteil umschlagen.

Abbildung B
Ein unvergeßliches Erlebnis hatte Ostfriesland-Trapper Heino Löffelmann. Mit ungezügelten Freudenschreien und Tränen in den Augen tat dieser sein Glück kund, als er einen wochenlang verschollenen Schwanenhals endlich wiederfand.

Merke: Im Falle eines Falles
erwischt die Falle alles!

B

Beizjagd

Diese reizvolle Jagdart wird mit gezähmten und abgerichteten Falken, Habichten, Sperbern und auch Adlern ausgeübt.
Ein ebenso faszinierendes, wie schönes Schauspiel ist es, den Beizvogel im Stoßflug beim Greifen der Beute zu betrachten.
Leider wird diese Lieblingsjagd orientalischer Fürsten nur noch wenig praktiziert, da die Aufzucht, das Abrichten und die Haltung der »Fliegenden Jagdhunde« sehr, sehr viel Zeit, Liebe, Pflege und Atzung benötigt.

Wer kann es Frau G. Schmeiß aus Sauerthal verübeln, wenn sie enttäuscht und vernachlässigt nach 24 Ehejahren wütend ihre Koffer packt, ihren überraschten Gatten verläßt sowie auf Nimmerwiedersehen verschwindet – und das am Palmsonntag!

Merke: Gibst Du Dich mit Vögeln ab,
kommen Frauen schnell auf Trab.

Diplom
Du brauchst mich ja nicht mehr- Du hast ja 'nen VOGEL!

Das Musterurteil

Endlich hat das Oberste Landgericht von Schleswig-Holstein entschieden. Damit herrscht Klarheit in der Streitfrage, die in Jäger-, Fischer- und Naturschutzkreisen zu heftigen Diskussionen führte. »Ist der Fliegende Fisch* dem Jagd-, Fischerei- oder Naturschutzgesetz einzuordnen?«

*Anmerkung des Verfassers: »Der Fliegende Fisch kommt bei seinen Sommerwanderungen an der Nordseeküste mehr oder weniger häufig vor«.

Urteil des Oberlandesgerichts vom 1.4.1977, Aktenzeichen OLG/0815-312/77:

1. Der Fliegende Fisch (nachfolgend F. F.) ist nicht naturgeschützt.
2. Ist der F. F. vollständig unter Wasser, untersteht er dem Fischereigesetz.
3. An der Wasseroberfläche, in der Luft und an Land ist der F. F. jagdbares Tier.
4. Der F.F. hat ganzjährige Schonzeit.

Merke: Ein gerichtliches Urteil nur
bringt Ordnung erst in die Natur.

Sachliche Verbote

Verboten ist, jagdbare Tiere aus Kraftfahrzeugen aller Art zu erlegen.
(BJG, Art. 19, Abs. 7)
Verboten ist, die Jagd von Luftfahrzeugen aus zu betreiben.
(BJG § 19/Abs. 12)

Merke: Kein Held, der nur mit Motorkraft sein täglich Waidwerk schafft.

VERBOTEN!

Sachliche Verbote

Verboten ist, die Jagd unter Verwendung von Sprengstoffen, Gasen, elektrischem Strom, Schußwaffen mit Schalldämpfern oder von Betäubungs- und Lähmungsmitteln auszuüben. Die Jagdbehörde kann in begründeten Einzelfällen Ausnahmen von dem Verbot der Verwendung von Betäubungs- und Lähmungsmitteln zulassen. (BJG, Art. 19, Abs. II)

Merke: Die Saujagd wird zur Sauerei,
hast Du Dynamit dabei.

?!
VERBOTEN!

Wenig halfen Dr. Frank N. Stein die Beteuerungen vor Gericht, er hätte von der Anwesenheit der Trauergemeinde nichts gewußt. Er wurde zu DM 16,80 Bußgeld verurteilt. Denn: Die Jagd auf Friedhöfen ist grundsätzlich verboten. (BJG § 6)

Merke: Selbst wenn's um eine Krähe geht,
beachte stets die Pietät!

BLAM

Vom vortrefflichen Umgang mit der Waffe

Unfallverhütung I

Um Unfälle im praktischen Jagdbetrieb zu vermeiden, sind gewisse Vorsichtsmaßregeln unbedingt einzuhalten. Auf folgenden Bildern werden von leichtsinnigen Jägern leider, leider einige der wichtigsten Unfallverhütungsvorschriften nicht beachtet.

Abbildung A
Sonntagsjäger Alfred Sack (58), nach vielen Jahren wieder zur Treibjagd eingeladen, übersah Pilzwucherung im linken – und Hummelnest im rechten Schrotlauf.

A

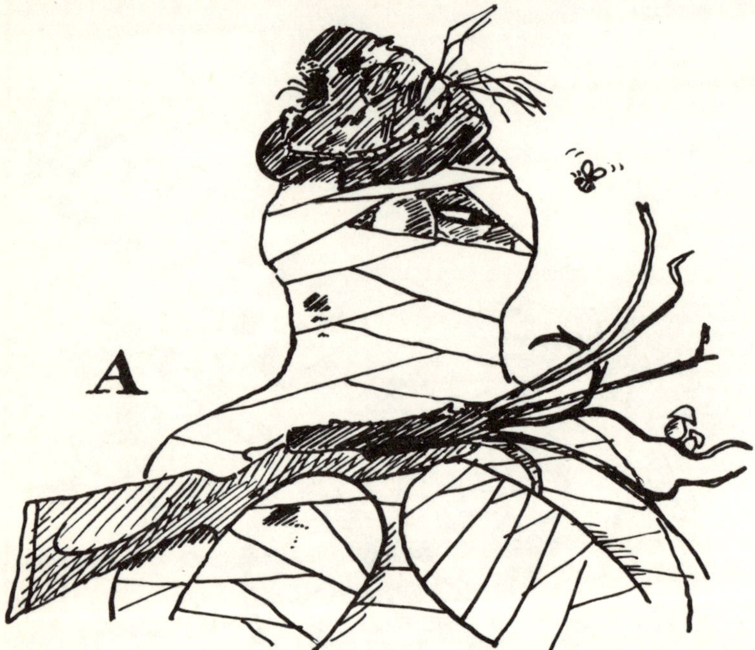

Abbildung B
Glück im Unglück hatte Kasper Dünnpfiff (edle Teile wurden nicht verletzt), der unbemerkt seinen angewiesenen Standplatz verließ, um dringenden Geschäften nachzugehen.

Merke: Sind die Regeln Dir bekannt,
kriegst Du nie nix draufgebrannt.

B
PANG!
Angewiesener Standplatz

Unfallverhütung II

Abbildung A
Durch rechtzeitige Aufklärung hätte das Mißgeschick des Jungjägers Fridolin Fröhlich aus Freudenstadt vermieden werden können. (Anmerk. d. Verfassers: Umfangreiches Informationsmaterial zur Verhütung erhalten Sie vom Familienministerium, 53 Bonn, Postfach 66.)

Abbildung B
Schützenkönig wurde mit 4 Treffern (Doppeldoublette) Waldemar Nebel aus Dämmersdorf, der vor lauter Hasen die Schützenkette übersah.

Abbildung C
Unbeachtet ließ Erich Ballermann die eiserne Regel, auf nichts zu schießen, bevor es richtig angesprochen ist. Die Folge: Menschen, Rindviecher und andere Tiere werden getroffen, die an sich ganzjährig Schonzeit haben.

Merke: Wer nichts versteht von seiner Flinte,
sitzt bald mächtig in der Tinte.

B
PANG

C

Raten Sie mal!

Verehrter grüner Leser,
das genaue Studium vorangegangener Seiten versetzt Sie bestimmt in die Lage, dieses Quiz auf Anhieb zu lösen.
Frage: »Verhält sich der Jäger jeweils richtig?« (Abb. 1401 – 1403)

Lösung 1401: JA, Waffe wurde vor Besteigen der Leiter entladen!
Lösung 1402: NEIN, Waffe wurde vor Überspringen des Grabens nicht entladen!
Lösung 1403: JA, Waffe wurde vor Überspringen des Grabens entladen!

Merke: Nur ein Gewehr, das man entladen,
bewahrt vor unverhofftem Schaden.

ABBILDUNG 1402

ABBILDUNG 1403

Übung macht den Meister

Es verstößt gegen die Waidgerechtigkeit, ohne genügend Schießerfahrung auf lebendige Geschöpfe der Natur zu ballern. Jung- und Sonntagsjäger sollten deshalb keine Gelegenheit auslassen, um ihre Schießkünste zu verbessern. Sei es auf die Scheibe, die Tontaube oder den Kipplaufhasen. Denn – lebendes Wild ist keine Zielscheibe.

Welch' überschwengliche Freude, welch' erhabener Stolz erfüllt ABC-Schützen Dieter Dussel. Nach »einigen« Versuchen hat er seine Taube nur so vom Himmel geputzt. Den Ring, den sie trägt, schätzt er als besondere Trophäe.

Merke: Am Schießstand, lieber Jägersmann –
das Treffen man erlernen kann.

Die alpine Jagd

Die Jagd im Hochgebirge verlangt von Körper und Geist die gleiche Beweglichkeit. Zu wenig Voraussicht hat schon manchen Jäger in arge Verlegenheit gebracht.

Merke: Es ist noch kein Meister vom Himmel gefallen!

BANG!

Die faulen Ausreden

Oft recht originelle Einfälle haben schlechte Schützen bei der Frage, warum sie denn gefehlt hätten:

... dem einen tat der Has so leid, weil dieser beim Davonlaufen hingestürzt wäre ...

... dem anderen war er viel zu jung ...

... der dritte trifft nicht, weil die »Biester« nicht stillhalten können ...

Merke: Ein Fehlschuß ist nie eine Schand,
hast' eine Ausred' Du zur Hand.

. . . und der Anderl Löffelmoser (leicht angeheitert) meint, er sähe die Viecher schon doppelt und dreifach – und träfe immer den falschen . . .

Vom treuen, vierläufigen Begleiter

Die Jagdhunde

Auf den Hund gekommen – waren bereits unsere bärenfellgeschürzten, jagenden Vorfahren. Ob nun in der Steinzeit beim Stellen eines Mammuts oder heute bei der Suche eines kranken Stückes – immer ist der Hund unser Freund und Helfer. Ohne ihn ist der praktische Jagdbetrieb unmöglich. Jahrhundertelange Züchtungen haben mannigfache Jagdhunderassen hervorgebracht, die alle auf ihrem Gebiet Hervorragendes leisten.

Jeder brauchbare Hund muß folgende Eigenschaften haben . . .

. . . eine gute Nase

. . . Spurwillen und Spursicherheit

. . . Spurlaut

. . . Wasserfreudigkeit

. . . Leichtführigkeit

. . . Bringfreude

... Jagdverstand

. . . und natürlich Jagdpassion

Merke: Die Jagd ist selten eine Pleite,
hast Du einen Hund zur Seite.

Die kleinen Scharfen

Oft verkannt werden die kleinsten unserer Jagdhunderassen. Dabei sind Dackel und Terrier passionierte Stöber-, Wasser- und Schweißarbeiter. Sie sind unverwüstlich bei der Bauarbeit und wegen ihres Mutes, ihrer sagenhaften Schärfe sowie ihrer leidenschaftlichen Hetzlust bei der Sauhatz bestens bewährt, wie uns DJT-Hündin Bella vom Hummelstein im Bild unten beweist, die gerade einen sehr groben Keiler in der Mangel hat.

Insbesondere auf der Wundfährte, und ist sie auch nicht mehr allzu frisch, ist der krummläufige Dachshund einfach Spitzenklasse.

Merke: Und ist der Hund auch noch so klein,
bringt Freude mehr als Kummer ein.

Von nützlichen Neuheiten und Dingen, die man wirklich braucht

Alles für den Jäger

Von Jahr zu Jahr wird das Angebot an jagdlichem Zubehör vielfältiger und damit unübersichtlicher. Vom laubgesägten Tabaksbeutel bis zum waidgrünen Nierenschoner, vom feuerfesten Hosenboden bis zum Infrarot-Trophäen-Abkoch-Topf, von der Original-Brunftplatte (es konferiert Lou van Bruch) bis zum garantiert naturreinen Hundefloh-Puder – alles, alles kann der Jäger kaufen.
Damit Ihnen die Auswahl leichter fällt, hier wirklich heiße Verkaufsschlager, die wir Ihnen wärmstens empfehlen möchten.

Aufblasbarer Hochsitz. Eine erfreuliche und praktische Neuheit des Gummiwarenwerkes »Flomms«. Der Hochsitz in der Westentasche – überall und jederzeit aufstellbar. Garantiert reiß- und stichfest.
Der Originalpackung liegt ein Päckchen mit 50 Vulkanisierflecken und einer Tube Gummilösung bei.

Merke: Es ist nicht alles Gold,
was grün.

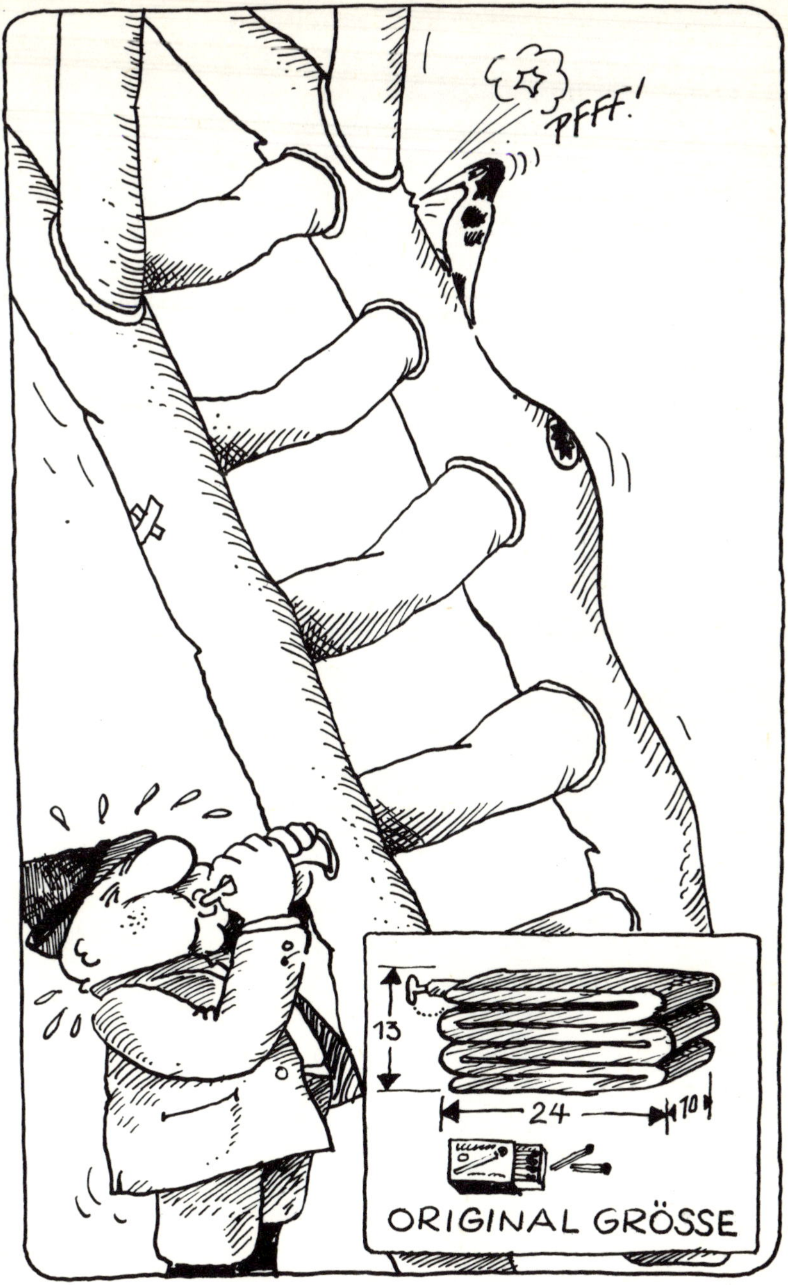
PFFF!
13
24
10
ORIGINAL GRÖSSE

Nützliche Neuheiten I

1. **Fernglas für Brillenträger** (saftgrün)
8 x 56, GA, endlich kein Beschlagen der Brillengläser mehr.

2. **Plastik-Bruch** (immergrün)
Jetzt braucht keiner mehr in vegetationsarmen Revieren auf das schöne Brauchtum zu verzichten. Lieferbar als »letzter Bissen«, Schützen- und Anschußbruch in Kiefer, Eiche, Tanne und Erle.

3. **Plastik-Hutschutz** (froschgrün)
schützt Ihren Hut vor Regen und Schnee. Zusammenfaltbar, für alle Größen. Bei Sonnenschein auch als schweißabweisendes Innenfutter zu tragen.

4. **Patronenschutzhülle** (knallgrün)
keine Kratzer mehr, ewiger Metallglanz.

5. **Alkoholresistenter Behälter** (zum Teil grün)
Original Fürst-Pless-Jagdhorn, beste handwerkliche Ausführung, umgebaut als unauffälliger 3-Liter-Flachmann mit extra griffigem Korken. Viele Dankschreiben von Alkoholikern und Waidfrauen. (Hätten Sie das gedacht?)

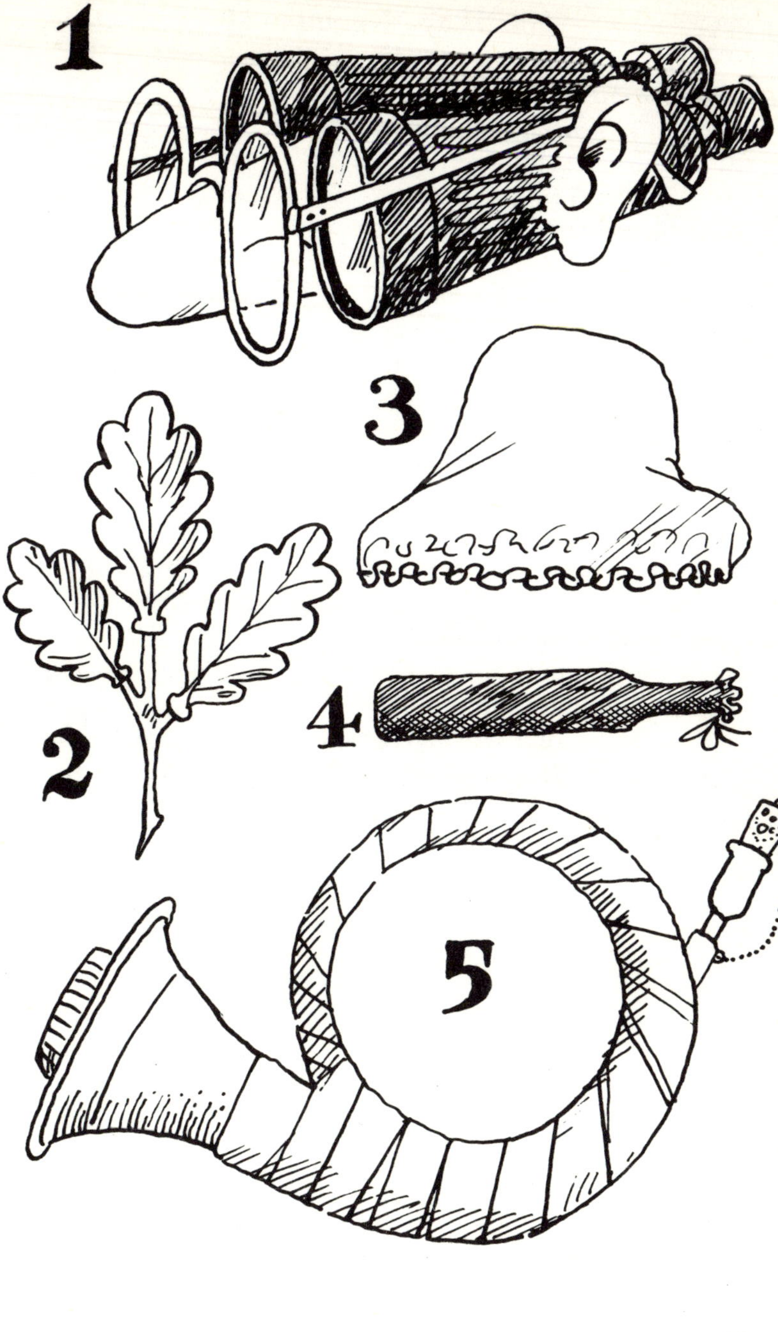
1
2
3
4
5

Nützliche Neuheiten II

1. **Universal-Klapp-Utensilie** (eschengrün)
mit a) Spaten, b) Mauspfeifchen, c) Sicherheitsnadel und d) Telescop-Laufreiniger.

2. **Hochsitzschutz** (saigongrün)
Diese verschließbare Abdeckung aus neun handgefeilten Solinger-Stahlspitzen verhindert garantiert jede unerwünschte Benutzung von Reviereinrichtungen.

3. **Taschenöfchen** (grün emailliert)
an bitterkalten Tagen immer warme Hände, Brenndauer ca. 12 Std., Lieferung incl. tannengrüner, würziger Minibriketts.

4. **Försterbart »Silberwald«**
Endlich kann auch der bartlose Jäger eindrucksvoll sein Waidwerk verrichten. In schwarz, blond, haselnuß, irischrot. (Sonderanfertigung: hubertusgrün).

5. **Minisauger** (buchengrün)
reinigt Hochsitze, Kanzeln, Autositze etc. in Sekundenschnelle. Besondere Schnüffeldüse für Haarnadeln, Ohrklips, BH-Knöpfchen etc.

1
a
b
c
d
2
3
120mm
4
5

Hochsitz »Diplomat Exclusiv«

Für die 80er Jahre (falls Wild noch vorhanden) haben Techniker den fahrbaren, vollklimatisierten Hochsessel produktionsreif entwickelt.
Unser Informant konnte trotz strengster Sicherheitsmaßnahmen an geheimes Konstruktionsmaterial gelangen, welches wir gerne frisch vom Reißbrett an Sie weitergeben.

Zeichnung:

1. HiFi-Lockjagd-Anlage zur naturgetreuen Wildlaut-Nachahmung, wahlweise Stereomusik und quadrophonischer Wetterbericht.
2. Automatischer Klimaschutz
3. Telescop-Gewehrauflage
4. Bordtelefon (drahtlos)
5. Vollelektronisches Bedienungspult
6. Patronen-Reservoir
7. Minikühlschrank mit Eiswürfelfach
8. Aschenbecher
9. Bedienungshebel für Hydraulik (hoch-tief)
10. Fußablage
11. Hydraulik
12. Wild-Nachtmeldegerät CTX 94 »Extra früh«
13. Antriebsaggregat (183 PS), absolut vibrationsfrei
14. Selbstfahrwerk (saharantarktis getestet)

Merke: Der Fortschritt eilt im Sauseschritt –
der Jäger muß da einfach mit!
(frei nach Frank O. Niah)

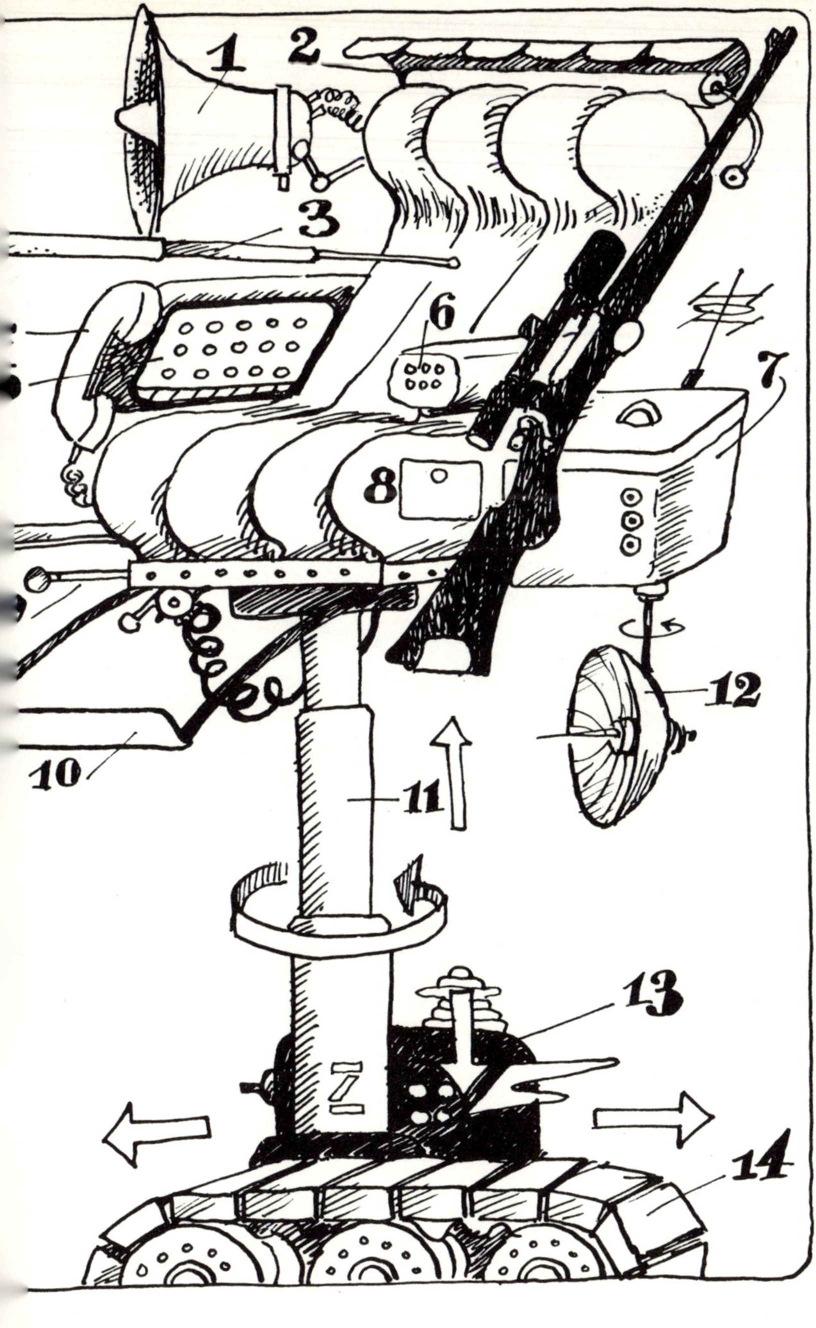
1
2
3
6
7
8
10
11
12
13
14

Die Superoptik

Neu auf dem Markt ist das variable Super-Zielfernrohr der Marke »Tattrich & Trottel«. Stufenlose Einstellung von 10 – 1.500facher Vergrößerung. Zuverlässig bei schlechten Witterungs- und Lichtverhältnissen, infolge enormer Dämmerungsleistung. Endlich ist jetzt auch der sichere Schuß bei extremen Entfernungen möglich.

Anmerkung des Verfassers

Leider ist bei diesen Vergrößerungen eine absolut ruhige Auflage vonnöten, allein die Vibration einer vorbeifliegenden Mücke kann das Zielen erheblich erschweren.

Nebenstehende Abbildung demonstriert die enorme optische Leistung. Ein sicherer Blattschuß ist jetzt auch bei 300 m Schußentfernung ein Kinderspiel.

Merke: Am besten selber testen!

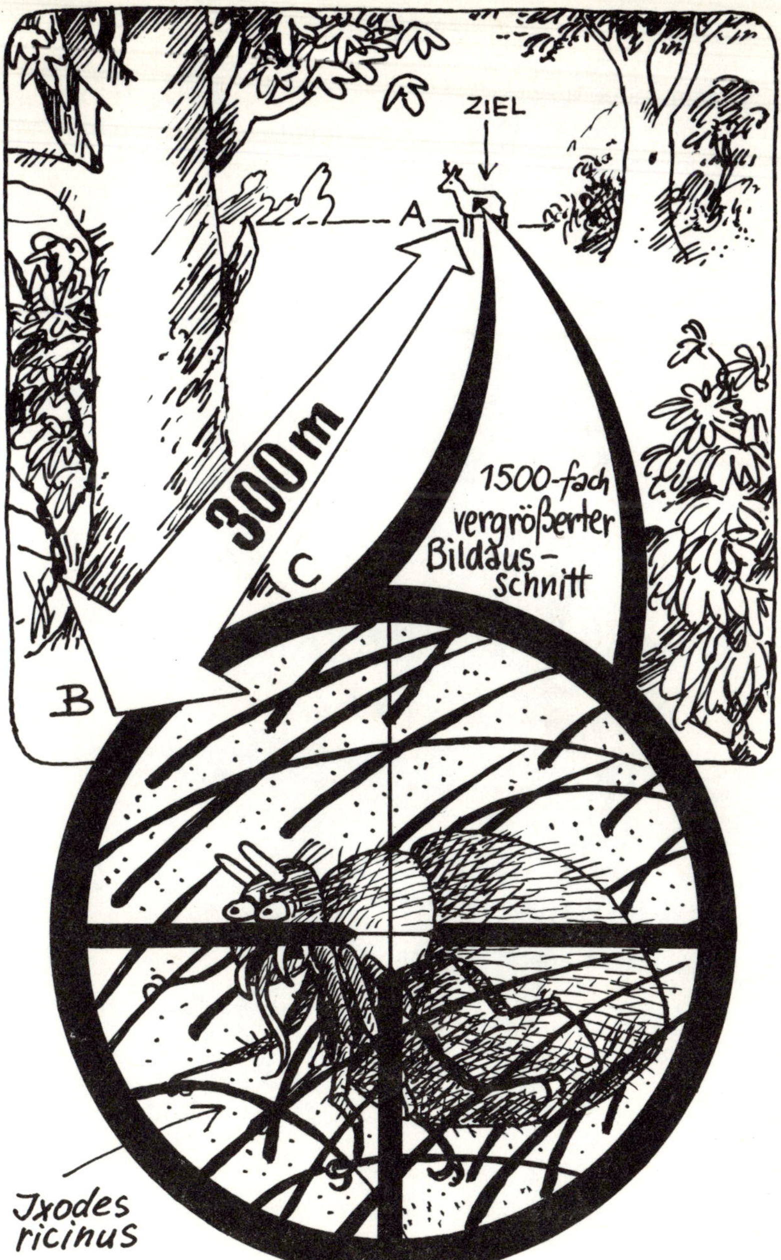
ZIEL
A
300m
C
1500-fach vergrößerter Bildaus-schnitt
B
Jxodes ricinus

Jagdmode

Starmannequin Virginia Kranzmoney, Dressman Detlef D. Flora und ein frustrierter D.D. Rüde präsentieren eindrucksvoll die Novitäten der Saison.

Merke: Nur in schlichtem Lodengrün
soll niemand durch die Wälder ziehn.
(Wunschtraum der Hersteller)